今日がもっといい日になる

神様がくれたヒント

阿部敏郎

Toshiro Abe

はじめに

人生には色々なことが起きますね。

思うように事が運ぶときもあれば、何をしてもうまくいかないときもあります。

誰にも言えず一人悩んでいるときは、自分だけが世界から見放されて、孤独の闇の中に取り残されてしまったような気になります。

そんなとき、たった一つの言葉が光となって心に射し込み、そこから急に視界が開けたという経験はありませんか。

真っ暗な部屋に、たった一筋の光が射しただけで、部屋全体が明るく照らし出され、もともと秘められていた勇気と知恵がわいてくるのです。
それはまるで奇跡のようです。

この本に収められた言葉たちは、僕自身が人生で七転八倒していたときに、突然降り注いできたメッセージです。
あのころの僕のように、人生に迷い、自信をなくしてしまった人たちにも、きっと役に立ってくれることでしょう。

人生は、どこまでいってもこれでよしということはなく、思わぬトラブルに見舞われてにっちもさっちもいかなくなることがあります。

まさに今の僕がそうで、少し暗い気持ちになりかけていたとき、これらの言葉がまたしても救ってくれました。

人のために少しでも役に立ちたいと思う気持ちが、時を経て自分自身を救ってくれたのです。

そんなことからも、この本を多くの人に届けたいと思いました。


出版に先立ちまして、このようなタイミングでメッセージを編集してくれたリベラル社の宇野真梨子さん、そしてこのタイミングを用意してくれた人生の流れに感謝します。

あなたの人生にも、このメッセージがベストタイミングで届きますように。

阿部敏郎

index

chapter 1

Find

自分の心を見つめる

今日一日
何が起きても、誰と会っても、
心の中で「ウェルカム」
と言ってみよう。

誰かに足を踏まれたら「ウェルカム」。
誰かに無視されても「ウェルカム」。
好きな人と会ったら「ウェルカム」。
苦手な人と会っても「ウェルカム」。

そんなふうに、にっこり笑ってすべてを肯定していく。一切判断しないで、ありのままの状況に「ウェルカム」を言うのです。たった一日で構いません。

そうすると、まわりの状況が驚くくらいスムーズに展開し始め、あなたの身体の中に大いなるエネルギーが満ち溢れてきます。

そして、普段無意識にどれだけ「ノー」を言っていたかがわかるはずです。

「こんな気分から抜け出す！」

そう決めることが大切。

その気はありますか？

落ち込んだ気分を感じたくないと思いながら、実は、自分でそれにしがみついていることがあります。

前に進むのが怖くて足を止める言い訳にしたり、まわりに同情してもらうおうとしているのかもしれません。

だから、まずは自分でこの気分から抜け出すと決めることが大切。

周囲の状況に関わらず、先に気分だけは変えてしまいましょう。

たとえば、朝起きたら、目を閉じたままグーッと伸びをする。

そしてスッと力を抜いて、そのまま2～3分、意味もなく声を出して本気で笑ってみる。朝の重い空気を無視して、面白くなくてもとにかく笑おうとしてみる。笑っているうちに、おかしくなってきて、本当に笑えてきます。すると気分は一転するのです。

目の前の現実は何も変わっていなくても、気分が変わると、世界が変わって見えてきます。私たちは好きなように気分をつくることができるし、好きなときに気分を変えることができるのです。

ネガティブな話題に耳を傾けるのはやめよう。

メディアでは、悲惨な事件をセンセーショナルな話題としてこぞって取り上げます。しかし、そのような情報に耳を傾けたり、視覚に焼きつけたり、感情的になったり、恐れたりするのはやめましょう。それをやればやるほど、マイナスエネルギーにフォーカスしてしまうのです。

私たちにできることは、誰もが幸せで豊かに暮らしている姿を思い描くこと。平和でポジティブな思考を持つことが、そのビジョンの世界を創り出す基盤なのです。

まずは自分自身から、そして身のまわりをポジティブなイメージで満たしていきましょう。

勇気を持って思い出を手放して。何も失わないから。

あなたには、好きなまま別れてしまったりして、忘れられない人がいますか。

そして、その人の存在のせいで、新しい出会いに消極的になったり、新しく出会った人と比較してしまうことはありませんか。


あなたの記憶の中に住む、好きだった人は、その人の美しい面や、あなたの期待に応えてくれるところだけが誇張され、嫌な面や見たくないようなところは見えてこないようになっています。

思い出はどんどん素敵に変身していきます。

あなたの期待を投影して、どんどん理想の人がつくられていくのです。

せっかく今を生きているのに、過去に縛られる必要はありません。

幻想を幻想と見抜きましょう。

「その人と結ばれていたら、自分はもっと幸せだったのに」と考える人もいるかもしれませんが、それ以上の幻想はありません。

それは同時に、そうならなかったから私は幸せになれないと言い訳をしているだけだったりするのです。

だから、思い出は勇気を持って手放してみてください。

何かを失うような気がするかもしれませんが、決して何も失うことはないのです。

人は人。自分は自分。そんな生き方にくつろごう。

「こういう自分でなければならない」と考えると、次は相手が自分をそのように見てくれているかどうかが気になります。このような状況が続くと、どんどん自分に自信がなくなってしまいます。

たとえば、人前に立ったときにみんなの視線が気になるのは、自分がどう思われているかということに、自分自身が興味を持っているからです。

人は見たいように見るし、思いたいように思うもの。それほど他人のことを興味深く見ているわけではありません。

人は人。自分は自分。人の目や評価を気にしなくなって初めて、人生を自分の手に取り戻すことができるのです。

悪いことを埋め合わせるために
自分を罰したり、
何かにすがったり、
自己犠牲的な人生を歩む。
神様はそんな
足し算引き算に興味はない。

たとえば自分の人生を総決算して、よい行為と悪い行為を天秤にかけたときに、どちらが多いかで死後の世界や、生まれ変わるものに差が出るなんてことを信じている人がいます。

自分がやった悪いこと（自分が悪いと思うこと）を埋め合わせるために、これからは正しく生きなきゃと自分に言い聞かせて、やりたいこともやらず、何かにすがったり、自己犠牲的な人生を歩んだりする人もいます。

けれど、神様はあなたを裁いたりなんかしません。

あなたを裁くのは、いつだってあなた自身なのです。

ルールをつくったのも、それを守るのも、破るのも、そのたびに自分をほめたり罰したりするのも、総計でどちらが多いかなどと考えるのも、何から何まで自分自身。

神様があなたに望むのは、いつだってあなたが幸せであることなのです。

「やらなきゃ、やらなきゃ」
そんなことを
考えてしまうときは、
視野が狭くなっているもの。

「やらなきゃ、やらなきゃ」という気持ちで物事を見ると、見方が一直線になり、間違いを見直す余裕がなくなります。

目の前に障害物やリスクがあっても、自分ではよかれと思い、愚直なまでに頑張って進もうとしてしまいます。

しかし、それは自分は正しいという決めつけの世界。

視野がすごく狭い状態です。

リラックスして、ゆとりのある気持ちになったときに初めて、違う角度から物事が見えるようになります。

そうすると、優しさを伴った、柔軟性のある選択ができるようになるのです。

心の中にいる裁判官に、今日はお休みしてもらおう。

今日一日は、自分も他人も非難しないで生きてみましょう。

非難といっても、「こんなことは私が許さない!!」という過激なものだけではなく、ほんのわずかなものも含めます。

たとえば、「もっと痩せなきゃ」というのも、現実の自分の体型を間接的に非難していることになります。

ただ、あるがままの現実を、あるがままに受け止めるだけです。

独自の判断を下さないのです。

もし一日でもこのことを徹底できたら、自我が薄らいでいきます。

自我とは、あるがままの現実の中から、よいものは自分に引き寄せ、悪いものは遠ざけ、どうでもいいものは無視しようとする、無意識の選択システムです。

あるがままの現実を、あるがままに受け入れてはならないという強迫観念にも似た衝動が、自我です。

そして、非難や否定こそが、自我のエネルギー源なのです。

非難をしなければ、自分が調子に乗って成長しなくなるかもしれない、なんて思わないでください。

現象を現象のまま起こらせてあげてください。

いかに自分が、無意識に自分や周囲を絶え間なく裁いていたかということに気づくはず。

たいていの場合は、自分が何をやっているのか気づくこともなく、同じパターンを繰り返しているものです。

ですから、気づいたらチャンスです。

違う選択をすればいいだけなのですから。

苦しみは、古い生き方を手放すチャンス。

今の時代は、多くの人たちにとって成長するチャンスだといえます。劇的な時代の変化は、社会の仕組みや生活スタイルを変えるだけでなく、個人個人の心の在り方にも及んでいるのです。

そして、苦しみという試練を与えることで、各自が古いやり方を手放し、新しい生き方にシフトするように促しているのです。

古い考え方にしがみつけば、ますます苦しくなってしまいます。

もちろん、生き方を変えることはすぐにはうまくいかないでしょう。何事も練習であり、それを習慣にしていくことです。

まずは、そうなりたいという意志を持つことが第一歩です。

それこそが人生の中で、最も努力に値する尊い行為なのです。

自分を心底肯定すること。
それによって、
願いは叶いやすくなる。

もし幸せが、今起こっている出来事や状況のおかげだと思っていたら、それを失う恐怖心が生じるでしょう。

しかし、自分のことを心底認め、肯定することができると、起きている物事に問題が見えなくなり、いつでも幸せを感じられるようになります。

あなたが自分を認めると、存在全体があなたを認め、あなたの思いが反映された状況が自然に展開していくのです。

あなたが幸せな理由は、その状況が起こったからではありません。そのときに起きている状況と自分の幸不幸が直接結びつくわけではないのです。

皮肉なものですが、それさえあれば幸せになれると追い求めていたときは手に入らないものが、自分を心底肯定し、無条件の幸福感を得られるようになると、知らないうちに手に入っていたりするものです。

不意に鏡に映る顔は、
意識して鏡を見るときの顔と違う。
鏡をのぞくときは、
ちゃんと鏡用の顔をしているから。

でも、不意の顔こそが
普段の自分の顔。

つくり笑顔でもいいから、
微笑みを浮かべていよう。
内面が外側に表れるように、
外側も内面に影響を与えるのです。

罪悪感を抱えて生きることは、自分も他人も幸せにしない。

自分がしでかしたこと（しでかしたと信じていること）、できなかったこと、心の中に去来する醜い考え、表裏が違うことなど、色々なものに対して罪悪感を抱えることがあるでしょう。自覚はしていなくても、心の底でそんな思いを持っている場合もあります。

「してはいけない」と思い込んでいることを、したり考えたりした場合に、罪悪感は生じます。

乱暴な言い方ですが、そもそも「してはいけない」と思っていなければ、罪悪感は出てこないのです。

罪悪感を捨てるには、それ自体が誤解だったことを理解すること。

自分は今までに一度も罪など犯したことがないことを理解することです。

表面的に自覚しているあなたは、多くの罪を犯したと思っていて、様々なことを自分がしでかしたと思っていることでしょう。

けれど、深い真実からいえば「事は起きてきた」のです。


もしあなたが人を傷つけ、その罪悪感に苛《さいな》まれているなら、どうぞ自分を許してあげてください。

知らぬ顔をして生きることは難しいと思いますが、少しでも自分を許してあげてください。

その分だけ、自分や、自分に関わる人が幸せになっていきます。

罪悪感は、自分のことも人のことも幸せにしない。

何が事実で、何が思考の産物なのか、そのことを見分けて生きるのは大切なことです。

自分の本質を失わず、
自由自在に形を変えてみよう。

中国で生まれたタオイズムという思想。

これは、水のごとく生きることを説いています。

水は形を持ちません。四角の器に入れられれば、四角になり、何の衝突もなくピタリと収まります。

けれど、どんな形になっても、その本質は変わりません。

自分を失っているわけではないのです。

「私の本来の形はこうです」と決めてしまうと、世の中が狭くなって生きづらくなります。

一見とっつきにくいと思うことでも、それに自分を合わせてみれば、意外にあなたを豊かにしてくれるかもしれないのです。

思い切って「好きなこと」を仕事にすれば幸せになれる。

この世には4種類の人間がいるといわれています。

1　好きな仕事をして、お金をたくさん稼いでいる人
2　好きな仕事ではないけれど、お金をたくさん稼いでいる人
3　好きな仕事をしているけれど、お金を稼げていない人
4　好きではない仕事をして、お金を稼げていない人

この中で一番幸せなのは「1」の人です。

2番目は、「2」の人のように思いますが、実際には「3」の人です。お金があろうがなかろうが、好きな仕事をしているのですから。

「2」の人は、お金があっても、毎日嫌々仕事をしていたら幸せ

とはいえません。

そして一番かわいそうなのは、「4」の人です。

好きでもない仕事をして、豊かさにも結びつかないのですから。

そして驚くべきことに、大半の人たちは「4」の生き方を選んでいるそうです。

もしあなたが「4」なら、簡単に「3」になれます。ただ、好きなことをやっていけばいいのですから。

しかし多くの人は、好きなことをやったら、今よりもっと大変になってしまうと考えます。

確かに、何事にも保証はありませんが、好きなことを仕事にして、飢え死にしたとか、破滅したという話は聞いたことがありません。

好きなことをイキイキやっていると、見えない援助が訪れるからなのでしょう。

「好きなことは何？」自分の心の声に耳を傾けてみて。

「好きなことを仕事にしたい」と思っても、そもそも「好きなことが見つからない」と言う人がいます。

そういう人は、「自分なんて…」という思いから、周囲の人の感性や意見の方が重要だと感じ、内側の欲求が見えなくなっています。

自分の好きなことなんて重要ではないと感じたり、長い間、自己を抑圧して、本当の心の声が聞こえなくなっているのでしょう。

「好きなこと」がピンとこなければ、「得意なこと」でも構いません。

誰しも、内心これは少しうまくできるということがあるはず。

自分がやりたいことを真剣に追求していくと、知らない間にどんどん道が開けていきます。

外側の変化に流されない、海のような存在でいよう。

今、気が滅入っていたり、腹を立てていたり、失望感に苛まれている人もいるでしょう。

人は不思議なもので、落ち込んでいるときはその状態が永遠に続くような気がしますが、幸せなときは、こんな状態が続くわけがないと考えます。

その通り、どんな状態も長くは続きません。

もしずっと幸せだったら、幸せを感じることはないでしょう。

時折マイナスの感情があるからこそ、幸せが輝くのです。

不幸なときは無理にポジティブに考えようとしたり、そのような状態の自分を卑下したりする必要もありません。

すべては移り変わっていきます。愛が嫉妬に、嫉妬が憎しみに、そして憎しみが再び愛に変わっていくように。


さて、人生の酸いも甘いも一通り味わってきた私たちが、学ぶべき最終段階があります。

それは、幸せと不幸せ、ポジティブとネガティブ、その両方を超えた段階です。一切の判断が消えた、静かなる境地です。

それでも自分の外側では、「起こること」が起きていきます。けれど、それらの出来事をいちいち分析したり判断したりせずに、ただ起こることと、ともに流れていくこともできます。

私たちは、波という動きではなく、海という実体です。

海は外側で変化が起こっていても、いつも海として在りつづけていられるのです。

明日は今日より、
よくなっているなどという
幻想は捨てよう。

そんなことを考えているうちに、
かけがえのない今日が
過ぎていってしまうから。

人生ではいつも今、新しいことが起きていて、決して繰り返すことはありません。新しい感情が生まれ、新しい経験をする。それも一度きりで、まったく同じ経験は二度とないのです。
今日は初めての一日であり、最後の一日です。まさに一期一会。
それなのに、今日より素晴らしい一日が未来のどこかに待っているはずだと言いながら、どれくらいの今日を明日のために使ってきたでしょう。
今がどんなふうに見えようと、私たちの意識を「今」に戻せば、すでにすべてが満たされているのがわかるのです。

何か事が起きたとき、
悩んでも
悩まなくても
現実は変わらないのだったら、
どちらがいい？

あなたに起きている現実は、そのように起きている現実であって、いいも悪いもない、本当は中立なものなのです。

その現実を否定的に解釈して落ち込むこともできれば、事実を事実として受け止めて、できるところから最善の対処をしていくという生き方もあります。

現実の中に、最初から落ち込みなどの気分が含まれているわけではありません。

それは当事者が選んでいるのです。

落ち込んだり、嫌な気分を選んでいるときというのは、たいていはその現実の被害者をやっているときです。

「こうなったのは、まわりのせいだ」「私は悪くないのに」……。

そういうふうに現実を見ていると自分の幸、不幸がまわり次第になり、自分ができる範囲がどんどん狭まっていって、無力感を持ってまた被害者になってしまうのです。

人のせいにせず、自分に何ができるのか、自分がどうしたらいいのかを徹底的に考えてみてください。

環境や人のせいにして被害者になるのはやめましょう。

現実への見方や態度を変えることで、自分の感情も変えられます。


人生には高級も低級もなく、もしあるとしたら、それは達成した成果の質や量ではなく、そのときそのとき、どのような自分で生きてきたかという、内面の質によって決まるのだと思います。

したがって、極端に言えば、何が起きてもOKなのです。

そんなふうに運命や自分を信頼すること。

自分というものに気づいていれば、その瞬間どのような自分でいたいかを選べるのです。

chapter 2

Relationship

人付き合いに悩んだら…

嫌いな人の
健康や、幸せや、
うまくいく人生を願ってみて。
毎日5分だけでいいから。

人の嫌いな面は、そのまま自分の嫌いなところだったりします。私たちは人に対して、自分の姿を投影しているからです。自分の中にない面は、相手の中に見えてこないのです。

それに、「あの人イヤだな」と思っていると、たいてい向こうもこちらをイヤだと思っているものです。

態度を隠していても相手に伝わって、相手もこちらを避けたりすることもありますよね。

私たちの存在は、自分の身体の中に閉じ込められているのではなく、意識はいたるところに存在していて、その意識同士が思わぬところで重なったりしているのではないかと思います。

だから、関係を修復したい人がいるなら、5分でもいいので心の中でその人の健康や幸せを祈ってあげてください。

こちらからプラスの波動を送れば、いつの間にか相手の気持ちも変わっていくでしょう。

いいとか悪いとかではなく、あなたと相手は、違うもの。

誰かに嫌なことをされたとき、頭にくる人もいれば、そうでない人もいたり、あるいはそんな相手を理解しようとする人もいます。

いいとか悪いとかではなく、ただ単に「違う」のです。

人は自分の感じ方や考え方を基準にして他者を見るので、そんなところからのすれ違いも、生活の中で起きやすいことです。

中には人の感じ方や考え方を変えようとする人もいます。

でも相手は、ただそのようにして在るのです。

何度も言うように、事は起きているのです。

その人がその人であることを認める方がラクになれるのです。

ポジティブな言葉を
誰かに投げかけたとき、
その言葉で
一番励まされるのは、
実は、自分自身。

自分が発している言葉は、伝えた相手よりも、言った自分自身にものすごく影響を与えています。

言葉は内側と外側、両方に向かっているわけです。

人を励ますときは、ただ頑張れなどと言うのではなく、その人のよさを見つけて、それをさりげなく伝えてあげることが大切です。

自分の嫌なところはよくわかっているのに、自分の本当のよさや強さをわかっていない人はとても多いからです。

お互いにほめ合う、いいところを見つけ合う、見つけたことを具体的に言葉で伝えてあげることでお互いが励まされていきます。


人は自分を映し出す鏡のようなもの。

相手のよさを見つけてあげるというのは同時に、自分のよさを見つけることでもあるのです。

まずは近くにいる人同士、そうやって見つめ合っていきませんか。

自分のことばかり考えると
つらくなり、
まわりの幸せを考えれば
楽しくなる。

それが人間の秘密。

「人をどうしたら楽しませられるか」

「人にどう貢献できるか」。

そんなことを考えているときは、とても楽しくてワクワクします。

でも、

「このことはうまくいくだろうか」

「どうやってうまくやろうか」。

そんなふうに自分の生き残りや都合を優先して考えると、先のことが怖くなります。

誰かに与えたいという気持ちがあれば、勇気を持って行動することができます。

与える気持ちを持つことは、すぐに幸せに結びつく最高の生き方なのです。

誰でもカッとすることはある。そんなときは「考えない練習」を。

生きていれば、カッとなる感情がわくことは避けられません。

問題はその後です。

カッとしたということは起きた事実ですが、その後で、「何であの人はこんなひどいことをするんだ。こんな無神経な人がいるなんて。絶対許さない。相手に思い知らせてやろう。だいたい、こういう人というのは…。

いけない、また相手を責めている。もっと大きな心を持たなければ。何でこんな自分なんだ。いったいいつになったら私は…」

というような思考を起こしがちです。

その思考を「ストーリー」と呼びます。

私たちを苦しめるのは、起きた事実そのものではなく、このような物語なのです。

そんな人は「考えない練習」が役に立ちます。

頭の中で物語を紡いでいると気がついたら、目の前にあるものに関心を向けてみましょう。何を考えていようが、目の前には、ただあるがままの現実があります。

風が吹き、木の葉が揺れ、遠くから子どもの声が聞こえて…。

ただ淡々と、起きることが起きています。

ストレスは「ストーリー」がつくり出しています。

考えない練習をして、考えない達人になりましょう。

人生の色彩が変わりますよ。

その気になれば誰にでもできます。

結婚は、夢から始まる平凡な生活の中での宝探し。

シンデレラの物語は、「王子様とシンデレラは、末永く幸せに暮らしましたとさ」で終わります。

しかし、本当の物語はそこから始まるのです。実際は、お互いにだんだんと小さなことが気になり始めて、喧嘩が絶えなくて、結ばれたことを心底悔やんだかもしれません。

結婚は夢から始まる分、醒めたときの失望も大きいもの。平凡な生活の中で、地に足をつけ、宝探しをしていくのです。夫婦生活という非常に難易度の高い問題集をつきつけられたと思って、一つ一つ、正面から見つめて生きていきましょう。

まずは
自分自身を受け入れて、
自分を愛するということ。

それができなければ
いつも、まわりからの愛が
必要になってしまう。

自分自身を受け入れることができなければ、人を受け入れることも、人を愛することもできません。

まわりからの愛が必要になって、やることなすことがすべて、「愛されたい」とか「認められたい」という気持ちの反映になってしまうのです。

自分自身を愛することができていれば、相手からの感謝や見返りはいらないでしょう。

それが本当の意味での「自立」です。

その次に必要なのは、相手や状況に対して心を開いていくこと。心を開いていれば、自分の都合や偏見に囚われず、正確な状況判断ができ、正しいコミュニケーションがとれるでしょう。

自分を受け入れ、愛することができる。そんな自分になれたとき、その人のやることはみんなのためになり、その人の存在そのものが人の役に立てるようになるのです。

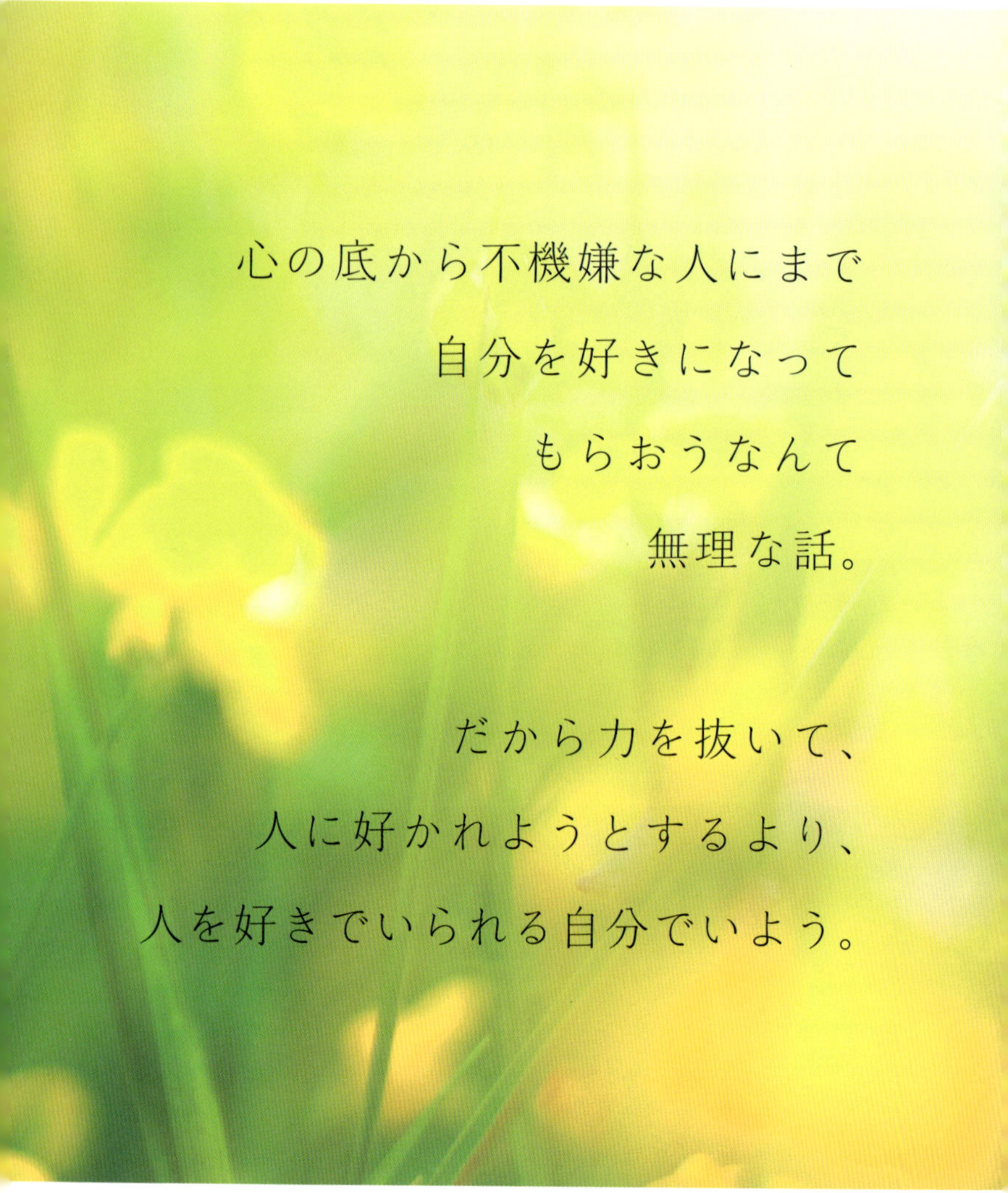

心の底から不機嫌な人にまで
自分を好きになって
もらおうなんて
無理な話。

だから力を抜いて、
人に好かれようとするより、
人を好きでいられる自分でいよう。

大切な人の話はしっかり心で聴いてあげよう。

家族や友達、同僚などに相談されたときに大切なのは、話を聴いて、いい悪いを判断しないこと。他人に判断されると、その人は言葉を選ぶようになり、自分の本当の気持ちを伝えることができなくなってしまいます。

だから、一切判断せずに、全部受け止めてあげるのです。

そして、同情したり、憤慨したりと、感情を態度に出さずに、平常心で、自然体で聴いてあげてください。

相手が言ったことを短くまとめて、言い返してあげるだけでも、話している方は、自分が話していることがどんどん明確になるとともに、あなたが自分の話を理解してくれていることを実感します。

それによって気持ちがラクになって癒されていくのです。

そして、癒された分だけ視野が広がって、「これからはこうしよう」などと、その解決方法を本人が話し出したりもするのです。


どうしたらいいかということは、相談する本人がわかっています。起きている出来事は中立で、それを「問題」にしてしまったのはその人。問題はその人の心の中でつくられたわけですから、その人にしか問題の答えはわかりません。

それどころか、その人の中で問題が生まれた瞬間、答えも同時に生まれています。

ただ、色々な感情やこだわりが邪魔をして、素直にその答えを引き出せていないだけなのです。

それを引き出すためのお手伝いをする。そういう聴き方が必要です。しっかり心で聴いてあげましょう。

社会の中で
うまくやっていくコツ。
それは相手の自我を
脅かさないこと。

社会の中でうまくやっていくためには、相手の自我を脅かさないこと。

たとえば、恋愛の初期には互いの自我を高め合い、安心感を得ることができます。

しかし、次第に相手がこちらの自我を妨げる場面を見せ始めると「こんな人だとは思わなかった」と感じてしまうのです。

誰もが自分の自我を満たすのに必死で、他人の自我を満たす余裕などありません。

ですが、すでに自分は十分なのだという気づきがほんの少しでもあれば、あらゆる比較や競争から自由になります。

求めることばかりの人生から、祝福の人生に変わるのです。

自分が人に、
何をしてあげられるかを
考えるのはいいけれど、

人が自分に
何をしてくれるか、
それは考えない方がいい。

大切な人や、信頼していた人に裏切られたとき、こんなふうに相手を考えてみます。

もしかしたらその人は、あなたとはまったく違うストーリーを持っていたのかもしれません。

あなたが考えていた二人の関係と、その人が考えていたあなたとの関係はまったく違うものだったのかもしれません。

そうやって、違う角度からその人のことを考えてみてください。

「これだけしてあげたのに」という思いは余計に自分を苦しめ、それを相手のせいにすると二重三重に苦しくなります。

自分が相手に何かをしてあげたいと思っても、やってあげられないときもあるのと同様に、相手にだって色々なときがあります。

だから、相手に過度の期待をしないことも必要です。

そうしたら、もし人に何かしてもらえたとき、心底感謝できるでしょう。

深刻になりすぎているときは、現実と自分との距離を置いて。

深刻さとは、目の前の現実と自分との距離がなくなっている状態のこと。

そんなときはリラックスして、自分と現実との間に間隔をつくってみましょう。そこに自由自在に物事を見渡せる空間が生まれます。

人生に起きている問題がちっぽけに見えてきませんか?

仕事や人間関係に大騒ぎして、さも重大なことが起きているかのような顔をして、頑なに生きている自分の姿が滑稽《こっけい》に見えてくるような、そんな大らかな感覚を持つことができるのです。

その柔軟さの中に、今何が必要なのかが見つかるはずです。

嫌な相手に勝とうとしないで。あなたもラクになるから。

自分と相手の間で、どこかでボタンをかけ違えてしまうと、相手の真意が見えずにカチンときますね。

それが積み重なると、相手との溝を深めていってしまうのです。

だから、これだけは覚えていてください。

『人はみんな、心の中では自分は正しいと思っていて、対立したときは、相手が間違っていると考える』と。


人は、自分を正当化します。

「なんだあの人は」とか、「どうして、あんなひどいことができるんだ」と思うような人でも、その人はその人なりの理由を持っていたりもします。

まずは、人間とはそういうものだと思いましょう。


そのうえで、苦手な人とどう付き合っていくか。

一つだけ言えることは、相手を責めたり、恨み言を言ったりすることは愚かな行為だということです。

相手もできることならうまくやりたいと思っているはず。

だから、あなたの方から、相手をわかってあげようと心がけてみてください。

勝とうとしないで、「そうですね」という言葉を気持ちよく言ってあげられたら、あなた自身もラクになっていくと思います。

それをやってもあなたは負けたわけではないし、何一つ失っていないのです。

太陽と同じような温かさで、目の前の人と繋がろう。

太陽は、貧しい人も豊かな人も、偉い人も弱い人も、分け隔てなく同じように照らします。

それと同じように、人間関係においても、相手の出方次第で自分の態度を決めたり、相手を分類したりするのはやめましょう。

あなたは今、目の前の人と繋がろうとしているのか、対立しようとしているのか。いいところを探そうとしているのか、欠点を探しているのか。安心させているのか、恐れさせているのか。

人と会話するときは、そんなことを考えてみて。

太陽のように、誰にでも同じような温かさで接することができたらいいですよね。

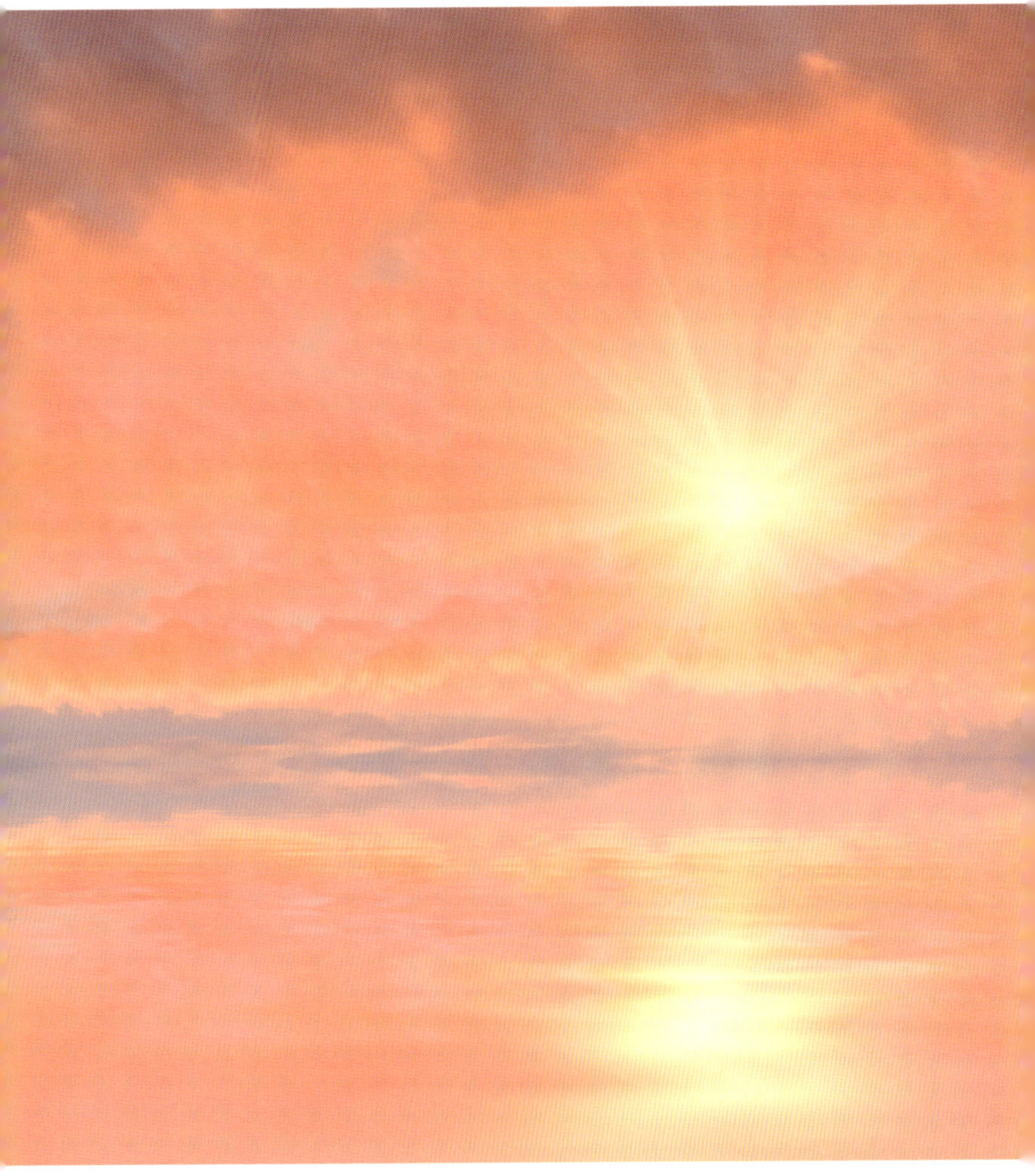

あなたが10歳のとき、
母親からしてもらったこと、
してあげたこと、
迷惑をかけたこと。

ゆっくり思い出してみて。

あなたが10歳のときに、母親からしてもらったこと、してあげたこと、迷惑をかけたこと、その3つをゆっくり時間をかけて思い出してみてください。

そうすると、私たちは親からしてもらえなかったことや不満に思ったことはいつまでも覚えていたりするのに、してもらったことが、実はその何十倍もあったのだと気づくでしょう。そして自分が親にほとんど何も返してこなかったとわかるのです。

あなたから見れば、母親として、してほしいのにしてくれなかったことがあったり、言われたくないことを言われたり、見たくない面を見せられたり、色々なことがあったと思います。

しかし、母親も一人の人間としての人生があり、不十分な自分を感じながらも、一生懸命に生きていたのかもしれません。

そこに気づくと、「母親とはこうあるべきだった」などという気持ちが薄れ、一人の人間として見てあげられるようになるでしょう。

人間関係は
うまくいかなくて当たり前。
そんな気持ちで
生きられたら、
少し気がラクになりませんか？

人間関係というのは自我と自我の関係のことだから、うまくいかなくて当たり前。

うまくいかなくて当たり前だから、人付き合いが下手とか、誰とも会いたくないとか、本気で人を愛したことがないとか、そんな自分を責める必要はありません。

他人に多くを望まず、むしろ他人のニーズを満たしてあげる側に回れば苦しんでいた気持ちも少しラクになります。

人と関わり合う一番の目的は、寂しさを埋めることではありません。

互いに自分を映し出すことを通して、自我と直面し、やがてはその自我を超えていくことにあるのです。

「あきらめる」は放棄や敗北ではない。

「あきらめる」という言葉は、「あきらかに見極める」ということ。

何をあきらかに見極めるかというと、事実を事実としてあきらかに見極めるということです。

たとえば自分の夫や妻に満足できず、自分にはもっといい人がいたはずなどと想像して、現実から目を背けて生きている人がいるかもしれません。

でも、これからも結婚生活を続けるのであれば、そんな幻想は断ち切って、あるがままの相手と向き合っていくことが必要です。

相手の性格が気に入らない、もっとこうなるべきだと思っても、そのように在るのだし、それをつくったのは天であり神様ですから、それを認めましょう。

多くの場合は、あいつが悪い、あいつが変わらなければ自分は幸せになれないと考えてしまいます。これはあきらめていない状態です。

しっかりと事実を見極めたうえで、自分にできる最善を尽くしていく、それが「あきらめる」ということです。

自分の運命に対しても同じこと。

天や神様に向かって「あなたは間違っている！本来はこうあるべきだ！」と文句を言うなら、人は自分を神様以上と見なしてしまっているわけです。

あるがままを見極める、あるがままを認める。

それが「聖なるあきらめ」です。

自分からどう見えようと、そのとき起きていることは自分にとって最良のこと。人生には何一つ無駄はなく、何一つ偶然もない。

誰の人生も、それはすべて完璧なのです。

どんな出来事も自分に何かを教えてくれている、自分に何かを気づかせるためにプレゼントされたものなのです。

どうなっても何が起きても、それは完璧なタイミングで無駄がなく、それ以外の現実はありえなかったということです。


何が起きても、それはいつも自分にちょうどいい。

そう考えると、おかしな期待をしなくなる。

期待しなければ、期待外れがない。

何があっても、人生で一番大切なことが起こっているのだと思えればそれでいいわけです。

chapter 3

Myself

あなたのままで大丈夫

「私はＯＫだ。私はＯＫだ」今、声に出して言ってみて。

「もっと性格がよかったら、自分のことを認められるのに」

「自分が成功したら認めよう」……。

そんなふうに、「自分がどうなったら、こうしよう」という幻想にはまるのはやめましょう。

それもこれも、全部ひっくるめてあなたなのです。

もっと自分に優しく、もっと自分に寛大になってあげませんか。

失敗したくて失敗したわけではないし、人を傷つけようと思って傷つけたわけではないはずです。

そのときはそんな方法しか思いつかなかったし、そんな考え方しかできなかったけど、それでも精一杯生きてきたんだって、そんなふうに自分を許してあげましょう。

毎朝鏡に向かって「私はＯＫだ。私はＯＫだ」と、自分の目を見ながら言ってみてください。静かな声で、鏡の中の自分が納得するまで繰り返すのです。

最初は違和感があるかもしれませんが、それを繰り返していくうちにだんだんその気になってきます。

あなたは今まで「自分じゃダメだ」と自分を信じ込ませてきたのだから、今度は逆に「自分はＯＫだ」と信じ込ませてあげましょう。

どちらにしても決めているのは自分で、誰も強制していません。

どちらでもいいならＯＫの方がいいに決まっています。

だって、本当はＯＫなのだから。

自分を信じられなければ、
誰のことも信じられない。

だって、
信じられないような自分が
信じているものなんか、
信じられるわけがない。

自分のことを信じられないと、自分の人生を生きられません。それに、そんな自分では、まわりの誰のことも信じることができないでしょう。

やっぱり基本は自分を信じること。

どんな小さなことでも「よくやった」と自分をほめてあげることが自分を信じる練習になります。

「時間通りに行動できた」「決めたことをやった」。そんなことでも構いません。

そうやって自分を見つめると、うまくいかなかったことは目立っていただけで、本当はうまくやっていることの方がずっと多いことに気づくはずです。

「人とどう付き合ったらいいか
わからない」
「人が何を考えているか
わからない」
まわりの人だって
同じように悩んでる。

あなたからすれば、他人は自分よりも確信を持って生きているように見えるかもしれませんが、そんなことはありません。

明日のこと一つとってみても、誰にもわかりません。

社長さんも、同僚も、取引先の人たちも、あなたのように、人が何を考えているのかわからなくなったり、何事にも確信が持てずに、不安や心配に苛まれたりしています。


あなたは人と付き合うとき、相手に何を求めていますか？

温かく接してほしいなら、それを自分からしてあげましょう。

相手が自分をどう思っているかなんて考えてもわからないから、自分がどう接するかを考えた方が現実的です。

そして、誰しも人から認められたい、受け入れられたいと思っているもの。自分がしてほしいと思うことを、自分からしてあげるのが一番です。

言葉は自分自身に影響を与える。ポジティブなものを選ぼう。

人は、考えてはいけないことを考えてしまうようにできています。

たとえば、「緊張しないようにしよう」と考えているとき。

緊張しないようにと言いながら、イメージしているのはきっと緊張している自分のはず。

緊張した自分を鮮明にイメージするから、イメージ通りに緊張してしまうのです。

言葉は自分に大きな影響を与えるもの。

同じことを言うのでもポジティブな言い方に変えてみて。

「緊張しない自分」ではなく、「堂々とした自分」。

平常心で人前に立っている自分を思い浮かべてみるのです。

人に好かれようと
するのはやめて、
多くの人を好きだって
思えるようになったら、
笑えるようになる。

みんなから好かれるなんてことはできません。

あなたのことを好きな人もいれば、そうではない人もいます。

あなたは一人だから、結果は一つであるはずなのに、実際にはその結果はたくさんあります。

それは、そのような評価をつくり出しているのがあなた自身ではなく、あなたを見た人が、それぞれの価値観で決めているから。

人によって眼鏡の形が違うから、みんなに合わせることはできないし、その人の眼鏡とあなたの価値とは何の関係もありません。

この人にもあの人にも好かれようとすると、自分がバラバラになってしまいます。


人は見たいように見るんだと思えれば、自分を生きられる。

人に嫌われることを考えるよりも、あなたがなるべく多くの人を好きだと思う方が、笑っていられるようになりますよ。

いいとこ半分、悪いとこ半分。それ全部であなただから。

「積極的な性格になれたら」「明るくなれたら」。

そんなふうに考えることもあるでしょう。

けれど、気質を変えようとしても難しい。

「あの人みたいになりたい」と思ってもなれないものです。

だからこそ、それが自分にできるかどうかを見極める。そして、あきらめることも必要です。これは「聖なるあきらめ」です。

人はそれぞれ才能や力を発揮できる場所が違います。

自分のいいところ、悪いところ両方を受け入れて、社会の中でそれを使いこなしていく。そんな方法を身につければ、すごくラクになれるのです。

挫折はいいチャンス。頑張るのをやめるチャンス。

挫折感を味わったとき。

それは頑張るのをやめるチャンスです。

あなたは今までずっと頑張って、甘えることができなくなっているかもしれません。自分の弱さを見せてはいけないと思っているかもしれません。もしくは、いつもしっかりしていなきゃいけないと、昔自分で決めたことを守っているのかもしれません。

そういう人生観は、自分の人生全体を支配しています。

そんな大事なことなのに、私たちはそれをもう一度検証してみようということをあまりしません。

頑張って頑張って、その先にあるものは何でしょう？

ゴールはどこにあるのでしょう？

実はそのレースは進んでも進んでもキリがないもので、どこまで行っても何か足りないのです。


いつの間にか頑張ることが目的になっていませんか。

頑張って頑張って、もっとお金があったら幸せになれるような気がしたり、もっといい仕事ができたら、あるいは愛する人ができたら、条件が変われば幸せになれる。そんな気がするのです。

でも、どこまで頑張っても、これでよしということはないですよね。

挫折を感じるなら一度立ち止まってみましょう。

自分は何を求めているのか、なぜ今のような生き方が始まったのか、もう一度よく考えてみてください。

本当は、何だっていいんです。
何でもいいということを
心底知ったとき、
初めて人は
自分自身を生きられます。

この世で何をしようと、何もしまいと。

何を考えようと、何も考えまいと。

10回結婚しようと、10回離婚しようと。

親の面倒を見ようと、親を捨てようと。

好きに生きていいのです。

なぜなら、あなたが創造主だからです。

何でもいいということを、徹底的に知ったうえで、人に優しくしたり、家族を愛したり、人を元気づけたり、人の幸せを願って生きられたらいいですよね。

外側から与えられた「べきだ」「ねばならない」などの枠の中ではなく、何でもいいという自由を手に入れたとき、自分の人生を自分の手にできるのです。

自信のなさがない状態。それがあるがまま。

自分に自信がないというのは100%その人の誤解です。

何かと理由をつけて、自信がないと自分に言い聞かせてしまっているのです。

今、自分が自分をどう感じて、どのように判断したとしても、それは自分が勝手に決めているだけで、現実にはいいも悪いもなく、ただそのように在るわけです。

あなたはありのままに在るだけです。

それなのに、色々な判断基準を持ち出して、自分はこうだと決め、そして、そんな自分に自信をなくしてしまっているのです。

反対に、「自分は自信がある」と強く思っている人は、厳密に言えば自信のなさの裏返しのような状態だったりもします。それはまたいずれ対極に変わっていくこともあります。

たとえば犬や猫を思い浮かべてみてください。彼らは自分が犬であることに、猫であることに自信があるわけではないでしょう。それなのに彼らは平然と犬や猫をやっていますよね。

自分が犬や猫であることへの「自信のなさがない」から、あるがままなのです。

ですから、本当の意味で自信があるというのは、自信がある、ないということ自体を忘れて、ただ「あるがままに在る」状態のことなのです。

自己否定の思い込みを捨てて、自分の価値を探し始めませんか。それは楽しいし、やりがいがありますよ。

神様は、あなたが
自分を愛するよりも、
数万倍あなたを愛しています。
そのことを
いつもいつも思い出しましょう。

「こんな私のことなんか、神様がずっと見てくれているわけがない」

あなたはそんなふうに思うかもしれませんが、決してそんなことはありません。

神様は、あなたのことを何から何まですべて知っていて、知ったうえで、無条件に、どうしようもないくらい愛しています。

神様があなたに望むのは、いつだってあなたが幸せであることだけ。

あなたはすでに救われているのです。

もう何の心配もいりません。

あとは、今をどんな自分で生きるかだけです。

あなたは
「こういう人だ」などと
決められるような、
そんな小さな存在じゃない。

あなたは何者か。

その答えは「何者でもない人」です。

自分の性格だって、色々な面があって当然です。

びくびくするときもあれば、度胸があるときもある。

明るいときもあれば、暗いときもある。

優しいときもあれば、冷酷なときもある。

両方でセットです。片方だけはありません。

プラスだけでもマイナスだけでも存在できない。どちらも自分で、それは一生変わりません。

全部プラスにしようとすると、不自然になるし、その奮闘に勝ち目はありません。せいぜい、そんな人間になったフリをして、何人かの目をごまかせるだけ。

それなら、マイナスを抱えたままでいいから、プラスを表現して生きてみればいいのです。

優しい気持ちがなくても、優しい行動はできる。

私たちは、いつも自分を見張る、もう一人の自分を持っています。

そいつはすごく冷めた存在で、たとえば、あなたが電車でお年寄りに席を譲ろうとしても、「本当は優しい気持ちなんてないんだからやめときな」などとささやいたりします。

でも、そんなふうに頭で考えて結局席を譲らなければ、そのお年寄りは座れなかったという現実が残るだけ。

反対に、頭の中で何を考えていようと、もし譲ってあげたとすれば、そのお年寄りが座れるという現実が起きるわけです。

私たちは、たとえ内側で優しさを感じていなくても、優しい行動を外側に表現することができるのです。

あの人ほどはすごくないけれど、
この人ほどは劣っていない。
そんな基準は
自分が勝手につくり出したもの。

この人は、どこの大学を出ているから、私より上だとか下だとか。

人がなぜ、勝ち負けにこだわるのかというと、自分が何者かに確信が持てないので、人と比べることで、自分がどの程度の人間かということを、推し量ろうとしているのです。

自分はこれくらいの人間だ！　って。

人間って、実は人を見下すのが好きなんですね。

いつも自分の優越性のようなものを感じていたいんです。

そこに絶対的な基準などなくて、探っていくと「昔カケッコが速かった」というような滑稽なものだったりもするんです。

だから実際には、見下しているつもりの相手から、逆に見下されていることもあるのです。

本当は私たちの命の根っこは一つ。

みんな同じ価値ということを受け入れてみてもいいのではないでしょうか。

少しの間、起こることをそのままにしてみましょう。

今、欲しいものや達成したいことはありますか。

それらが実現するとどうなりますか。心が満たされますか。

思いが実現したときの「いい気分」は、ずっと続くような気がしますが、実際はそうでないことも、あなたは心のどこかで知っているでしょう。

私たちは、いつも何かが足りないと感じて、その理由を出来事や状況の中に見つけ、改善しようとします。ところが、足りないと感じている本当の理由は、外側の現象にはありません。

何でも自力で解決しようと試みてきた衝動を静めましょう。

「私」が静まれば、状況も静まっていきます。

どうにもならなければ、
どうにもならないなりに、
どうにかなったりもする。
目の前のことに心を込めて
今を生きよう。

結果というのは、色々な組み合わせ、関係性の中で生まれるもの。いくら「こうなってほしい、こうなるべきだ」と思っても結果はなるようにしかなりません。

私たちはとかく、結果志向になりがちです。そして、結果志向になれば、失敗しないようにと深刻になります。

未来や結果は常に不確実です。それを気にし始めたら、すぐに不安や心配が入り込んで、深刻さが生まれるのです。

明日のことは、明日の自分が何とかします。

だから、今日の自分は今日のことを思って生きるのです。プロセス思考で生きれば、今を楽しむことができます。

皮肉なことに、その方が結果がよくなったりします。深刻さが減った分だけ、行動や考えが正確になるからです。

いつも、今のこと、目の前のことをやっていけば、結果は自ずと好転していくはずです。

「思考」はまるでそれ以外に
現実がないかのように、
心を狭めてしまいます。

だから今日は、
考えなければいけない
ことを横に置いてみませんか。

思考は「今」が苦手。
今の音、今の空気、今の感触…。
それらを感じようとすれば、
姿を消していくのです。

人生には
何一つ無駄がなくて、
何一つ偶然がなくて、

あなたにとって、
一番必要なことが
刻々と起きているだけ。

何をやってもうまくいかないと感じるとき。

それはあなたが気づくための、一番いい方法を与えてくれているのです。


もし、全部が思い通りになったら何も学べません。

うまくいかないから、何がずれているのかと振り返れるでしょう。

すべての出来事は、あなたがよりよくなるために必要なことばかり。


だから本当は、うまくいっているんですよ。

全部がうまくいかないと思うようなときは、自分が何を望んでいるのか、もう一度見つめ直すときかもしれません。

もしかしたら、自分の都合ばかりを考えていたのかもしれません。

自分の思い通りに、まわりをコントロールしようとしているのかもしれません。

もう一度、基本に戻ってみてください。

基本とは、自分が周囲に何をしてあげられるかです。

自分が生きていることで、人をどう喜ばせてあげられるか。

どう世の中の役に立つか。

それが宇宙の摂理であって、その道に沿っているときは、宇宙の様々な援助がもらえるから、物事がスムーズに展開します。

逆に自分勝手な都合や思惑で事を成そうとすると、色々な障害にあったり、期待が外れたりしてしまうかもしれません。


いつも、人を喜ばせる為に自分に何ができるか、という観点から物事を見ていれば、たとえ自分が今どんな状況であったとしても、心が満たされ、不安も少なくなるはずです。

chapter 4

Free

もっと自由に生きていい

何かを始めるときは、「やる」と決めてやり出そう。

事を起こすための基本は、やろうと思っていることを「やる！」と決めてやり始めることです。どうやったら成功するか、考えに考えるということはしません。

あれこれと頭の中で試行錯誤することに時間をとられていると、結局は不安が高じて「やらない」になるからです。

最初はうまくいかないことも出てきます。初めてのことをするのだから当然です。うまくいかないことは、最高の教師となって、別のやり方を教えてくれます。

それを繰り返していると、必ず道が開けるのです。

ただし、続けるためには、やっていることが好きでなければなりません。そうでなければ、よほどの精神力がない限り途中で投げ出してしまうでしょう。

それからもう一つの基本は、人に喜んでもらおうとする気持ち。

これがないと心が荒れてしまい、決して幸せにはなれません。

幸せとは、自分の心の状態以外の何ものでもないからです。

いくらお金があっても、いくら人が羨《うらや》んでも、当の本人が幸せを感じていないのでは本末転倒です。


言い尽くされてきたことばかりですね。

当たり前に本当のことだからです。基本は基本であるがゆえに、目新しいことは何もありません。

でも、「そんなことくらい知っているよ」ではなく、行動レベルで知っていることが肝心なのです。

もし神様がわずか数秒でも
人間が抱える苦悩を
全部消し去ってくれたら、
「な~んだ、そうだったのか」
と思うはず。

この世界には無数の人が暮らしていて、無数の人生があり、無数の問題、無数の悩みがあることでしょう。しかし、それは全部それぞれの頭の中で、思考がつくり出している苦しみです。
もしも、神様が一瞬でもそれらの苦しみを消し去り、囚われていたマインドの牢獄から抜け出すことができたら…。
全員がすでに与えられていた喜びに気づき、「な〜んだ、そうだったのか」と思うでしょう。
まずはマインドの支配から抜け出ること。すでにすべてを得ていることを思い出しましょう。

こうならねばならないとか、
これを達成しなければ
人生は失敗だとか、
そんなことは何もない。

私たちは、「成功したい」とか「お金持ちになりたい」とか、それが幸せだと思って一生懸命追いかけてしまいがちです。

しかし、何かを手に入れたらその裏側で何かを失っていて、何になっても、何をやっても人生全体のプラスマイナスはとんとんになるようになっています。

将来何になるかより、今の自分の在り方を大切にしましょう。

たとえ今、どんな職業で、どんな環境で、どんな現実が起きていたとしても、それに対してどんな自分でいるのかということ、そして、そんな自分で、いつも「今」を生きることが大切なのです。

事は起きています。自分が何か、事を成していると思いがちですが、事は起きているのです。

自分がやっているという感覚を手放し、起きていることを信頼して心を込めていれば、天はすべての人を、その人の天命通りにちゃんと運んでくれるでしょう。

あなたが自分の人生を生きなくて、誰があなたの人生を生きる？

このままでいいのかと不安になるときは、だいたいまわりと比較しているとき。もし自分の生き方しかこの世になかったら、比較する対象がないので、不安にはならないはずです。

そもそも比較そのものが、よく考えたらナンセンスなのです。百人いたら百通りの幸せの形があり、誰かにとっての幸せが、自分にとっても幸せだとは限りません。

少なくとも、自分にとっていいと感じるところから選んでいったら、それが一番いいはずです。

あなたにとってそれが満足なら、それがあなたの天命なのかもしれません。人と比べずに自分の人生を生きればいいのです。

不安がある人と、
不安がない人が
いるわけではない。
不安だからやめてしまう人と、
不安だけどやる人がいるだけ。

人生の中で、やりたいことが見つかることほど、素晴らしいことはありません。

人生を振り返ったとき、やって失敗したことではなく、やればできたかもしれないのに、やらなかったことが後悔になるからです。

新しいことにチャレンジするときは、ワクワクする気持ちと、ドキドキする不安感の両方があるもの。それはどこまでいっても、いつも両方あるのです。

先のことはわからないから、不安は誰でも感じます。

ただ、不安だからやめてしまう人と、不安だけどやる人。

その違いが、人生の可能性の違いになっていきます。

人生で何を選んでいいか迷ったときは、自分が幸せを感じる方を選べばいい。ワクワクドキドキする方を選べばいい。

いつもその感覚に飛び込んでいけば、それは天命に一番近い人生を歩いているということです。

自分が動けば風が変わる。自分が変わればすべてが変わる。

うまくいかないときや、落ち込んでいるとき、私たちはそれをすぐにまわりの環境や人のせいにしてしまいます。

あの人がいたから、こんな自分になってしまったとか、自分が不幸なのはあの出来事のせいだとか。

けれど、同じ現実でも、どちら側から見るかによってまったく意味が変わります。

今までの一方的な見方を改めて、現実への態度を変えたとき、それまでは恨んでいた人たちが、感謝の対象に変わる。

こうした転換によって、心が浄化されるのです。

それにより、たくさんの癒しと理解が訪れるでしょう。

将来の心配ばかりしていると、
将来も、
また将来のことばかり
心配するようになってしまう。

昨日のことは昨日のこと、今日のことは今日のこと。

そんな感覚で今日一日を生きることを、自分の中で練習してみてください。

「後悔」は過去のこと、「心配」は先のことです。

過去の後悔と未来への心配は絶対に答えが出ないものです。

いくら後悔しても、終わってしまったことを変えることはできません。

また、こうなったらどうしようとか、ああはなりたくないとか、未来のことはわからないのに、わからないことを考え続けると堂々巡りになってしまいます。

将来のことばかり心配している人は、将来になったら、また将来のことを心配しています。

そのトリックに気づき、「今を生きる」ということを少しずつ自分の中で養っていくことが大切です。

ずっと真面目に生きるには人生は長過ぎる。

今、呼吸することができているだけで充分だと思いませんか。

つい深刻になってしまうのは、真面目に考えすぎているから。

人生がどんなに深刻に見えたとしても、少し高い位置から眺めてみると、すべては冗談のように見えてきます。

今日のあなたは、昨日のあなたとは違います。

固定されているのはあなたの考えや観念だけで、本当は河の水のようにいつも新しく生まれ続けています。

人生は試練ではありません。

真面目に生きるだけでは人生は長過ぎます。

人生は楽しむための、祝うための、天からの贈り物なのです。

「人生は苦しみだ！
生きることは苦しむことだ！」
と思えたら、
「さぁどうしていくか？」という
ちょっと違ったスタンスに
なれるはず。

苦しいとき、その中で色々なことを考えたり、自分はこうしていかなきゃいけないんじゃないかと反省したりするでしょう。苦しくなって初めて、人間は、自分自身の向上のために様々なことをしますよね。

これは楽しいときにはやらないことです。

そう考えると、ずっと幸せなだけでは人生の意味が少なくなってしまいませんか。

もし、人生は苦しみだということを、私たちが受け入れることができたら、苦しくて当たり前なわけです。

人生は幸せじゃなきゃいけないと思うと、「この苦しんでいる自分は何かが間違っている」「人はみんな幸せそうなのに、自分だけ何でこうなんだ」などと思ってしまうでしょう。

けれど、苦しみの分だけ人生の意味がある。そう思えれば、もっと違ったスタンスで生きられるのではないでしょうか。

あなたは
人生の脚本家であり、
監督であり、
主演俳優。

そして観客までもが
あなたなのです。

「私ってラッキーだなぁ」口癖になるくらい言ってみて。

毎日、色々なことが起きていますよね。

それはこれから先も、刻々と起きていきます。

それらの多くは、自分の思い通りになることではなく、ならないこと。中にはこじれた問題もあるでしょう。

自分の期待とは無関係に、「起きること」が淡々と起きていきます。

そしてそれは、生きている限りなくならない。

この問題さえ解決したら幸せになれると思って、それをなくすために奮闘しても、また新しい問題が起きてしまうのです。


それならば、そのわずらわしいことを、いかにわずらわしく感じずに、優しい気持ちで柔らかく生きていけるか、そこに焦点を当ててみましょう。

自分のまわりで問題が起きていたとしても、それに影響されることなく、自分のペースを保って生きることは可能です。

それを平常心といいます。

それに、自分の置かれている現実をよくよく見てみると、うまくいっていることや、ラッキーなことも実際はたくさんあるのです。

そんなことを一つでも多く見つけて、「私ってラッキーだなぁ」と自分に言ってみます。

そんなことの繰り返しで、今よりもっとスムーズな流れに乗っていけるようになりますよ。

人生は
どこにも向かっていない。
いつも「いまここ」しかない。
どこにも行くはずがない。
「ここ」しかないのだから。

人生がどこかに向かう旅だと思うから、自分の人生はうまくいっているとか、いないとか考えてしまうのです。

人生はどこにも向かっていません。

いつも「いまここ」しかないのだから。

もし人生がよりよいゴールを目指す旅なら、成功する人と失敗する人がいるけれど、そもそもそんな目的地は存在していないのだから、失敗なんてありえません。

目的地がないのだから、道に迷うことも、遠回りすることもありません。人と比較してそんな気になっているだけです。

いつかどこかを目指す旅はもうやめましょう。

何十年も
ただ生きながらえているより、
たった一日でも
強烈に生きられたら、
その方がずっと価値がある。

この先、私たちの人生に何が起きるかは誰にもわからないけれど、唯一絶対に確かなのは、いつか必ず死ぬということです。

でも、もし死という現象がなければ、生きているということも見えてこないでしょう。

コインの表裏のように、どちらか片方では存在できないのです。

むしろ、死を意識すればするほど、生きているということがコントラストのように強烈に見えてくるでしょう。

平穏無事に長生きした人は人生の成功者と思う人もいるかもしれません。けれど、彼らは人生を振り返って、「もっとリスクのあることにチャレンジすればよかった」と言います。

「こう生きるべきだ」などというものはありません。

ただ、いつまでも時間があると思うと、今日もまた何となくの一日になってしまうでしょう。

明日死んでもいい、そんな気持ちで今を生きてみませんか。

「今、生まれた〜っ！」
今日のスタートを
幸せにする言葉。

あなたは、たった今生まれたのです。

この世にあるものすべてが瞬間瞬間、新しく生まれ変わっていて、停滞しているものは何もありません。

「すべては変化し続けている」という真実だけが変化していないのです。

すべての過去はもうどこにもない。

あるのは「今」。

そして今からのあなたなのだから。

毎朝目覚めたら言ってみてください。

「今、生まれた〜っ」と。

今を生きる元気がわいてきます。

自分が素晴らしい存在だと思い出せば、一日の味わいも変わってくるはずです。

人生とは、一から十まであなたの思考と感情の産物。

幸せや不幸せ、幸運や不運…。

同じ時代に生きているというのに、人によって与えられた運命がずいぶん違うように見えます。

もしかしたら見えないところから、絶対的な力が、人それぞれに作用しているのでしょうか。

何かを学ばせるために苦労を与えたり、昔犯した罪を清算させるために罰したりする存在がどこかにいるのでしょうか。

言うまでもなく、そんな存在はいません。

自分がなぜ苦労しているかということに意味を与えるのも、罰が当たったとか、褒美をもらったとか考えるのも、全部その人自身が考えていることです。

人生とはその人の思考と感情の産物であり、その人がつくり出した壮大なドラマなのです。

そのドラマは、過去から現在までの時間の流れにそれぞれが脚色したもの。物事に対するその人の見方や捉え方によって、多分に独りよがりのストーリーとなっています。

極端な言い方をすれば、人生とはその人の「思い込みの束」のようなものです。


幸せとは、あなたの中にまさに今用意されている感覚であり、あなたさえその気になれば、今すぐに感じることができます。

あなたが今、自分に許可した分だけ、幸せを感じることができるのです。

運は誰にでも平等に
降り注いでいる。
それを受け取れるよう、
自分を覆っているものは
取り外しておこう。

自分はハンデだと思っていることでも、
そのおかげで頑張れていることもある。
そして、その頑張る気持ちが、この先、
大きな明日を切り開くかもしれません。
だからハンデだと思っていることは、
反対にチャンスだったりするのです。
太陽が等しく万物を照らすように、天
はえこひいきをしません。
ただ、それを受け取る側が、自分を覆っ
てしまっていたら光は届きません。
自分を覆うというのは、不平不満を感
じている状態。
感謝の気持ちを持って、明るく物事を
考えること。それが光を受け取るコツです。

あなたには、幸せになる資格があると認めましょう。

自分という人間は、自分が自分をどう思うかで決まります。

それを決めているのは100％自分自身なのです。

それを自己イメージと呼びます。

多くの場合、自己イメージは親との関係や、環境に影響を受けて決定されますが、その気になれば書き換えることもできます。

「自分は不幸の星の下に生まれた。だから幸せになれない」と思えば、そのような現実を引き寄せるし、自分はとても幸運で、これからどんどん幸せになっていくと思えば、本当に現実はそのように展開していくのです。

したがって、自己イメージを高く持つというのは、自分に幸運を引き寄せる基本です。

それからもう一つ。幸福になるためには、まわりの幸せも同時に望むことが大切です。

誰かに送った想念や波動は、その人に影響するのではなく、実際には自分自身に影響を与えているからです。

だから、他人の成功や幸せを妬《ねた》むことは、自分の成功や幸せを阻むことにつながってしまいます。

ケチケチしなくても、自分の分もちゃんと用意されているから大丈夫です。

何より、そんな気持ちになれただけで、すでに幸せを得ています。

自分は幸せになる資格があるんだということを認めて、宇宙が与えてくれる豊かさをすべて受け取っていく勇気を持ちましょう。

あなたが何歳でも、新しい生き方は今から始められるのです。

私は私！以上‼

自分を否定してしまいそうになったら、「私は私！以上‼」と言ってみてください。「あるがままの私」を強烈に主張するのです。

自分のあるがままを認めるというのは、自分の中にある混乱や、持続する痛みも、自分の一部だと認めること。

「これではいけない。もっとほかの自分になるべきだ」と思ってしまう自分を休ませましょう。そして、他人の目や正しさという基準ではなく、自分が心の底から一番いいと思ったことをやっていけばいいのです。

結果がどうであれ、その結果とともに生きているということ。

そうなれば、余計な混乱はなくなるはずです。

身体や顔は老いても、魂はまったく歳をとらない。

人間は、「身体」と「心」と「魂」の三位一体です。

身体や顔は老いていきます。街角でふいにウィンドウに自分の顔が映ったとき、「あれは自分じゃない」と思うこともあるでしょう。しかし、現実には刻一刻と、身体も顔も老いていきます。

次に心。心は物質世界に属さないので、実際に老いることはありません。

ただ自分が老いたと思った分だけ、歳をとっているのです。

そして魂。これはまったく歳をとりません。

永遠に「いまここ」に存在するものですから、歳をとりようがないのです。まさに時間を超えた存在です。

何をすることもなく、ただ本当の自分として鎮座しています。


魂の目的は、ただ「在ること」です。

そして私たちも、実際には「在るため」に生きているのです。

ところが、心は言います。「何かをしろよ、人生を無駄にするな」と。

行動しないと人生が無駄になると思っているからです。

でもそれは心のレベルでの話。

もっと自分であるところの魂は、「ただ在れ」と言います。

刻々と流れる時間は、何かをしたり、何かを達成するためではなく、「いまここ」で喜びにあふれるため、幸せを感じるため、愛するためにあるのです。

何をするかではなく、どう在るかが大切なのです。

素晴らしく在るとき、素晴らしい行動ができます。

そんな逆転の発想が、現代人たちに求められています。

おわりに

僕が思うのは、人生はうまくいかないようにできていて、うまくいかなくて普通なんじゃないかということです。

変な言い方ですが、僕たちは苦しむために生まれてきたのではないでしょうか。

歴史を振り返ってみても、この人の人生は100%幸せだったという人は見当たりません。

もちろん様々な試練を通して、一定の境地に達し、晩年を穏やかに暮らした人たちもいます。

それも傍から見てのことであり、本人になってみなければわからないことも沢山あることでしょう。

釈迦も「人生は苦しみだ」と言い切っています。

言われるまでもなく、それは僕たちが身をもって知っていますよね。

それなのに世の中には、まるで幸せな人たちが沢山いるように見えます。

ＳＮＳなどはそのいい例で、友達がアップするのはにっこり笑って幸せそうな写真ばかりで、まるで自分だけがうまくいっていない気がするのに、いざ自分が写真をアップするときは、満面の笑顔だったりして（笑）。

本当はみんなで、どれくらい苦しいか披露し合えれば、自分の苦しみも当たり前になって、もはや苦しみも苦しみじゃなくなるのかもしれません。

とはいうものの、苦しすぎることは誰も望んでいません。

この本はそんな状態に陥ってしまったときの緩和剤です。

そんなときにまた、この本を開いてみてください。

きっとまた生きる力がわいてくることでしょう。

そしてまた一緒に、苦しい人生に立ち向かっていきましょう(笑)。

この本は、自分を抱えて一生懸命に生きているあなたへの、ささやかな贈り物です。

阿部敏郎

著者プロフィール

阿部 敏郎（あべ としろう）

1953年生まれ。「THE 禅サンガ」主宰。
20代でシンガーソングライターとしてデビューし、深夜放送のパーソナリティ、テレビ番組の司会など多方面で活躍。31歳で突然のワンネス体験を機に引退。天河神社（奈良県吉野郡）に奉公した後、方広寺（静岡県浜松市）にて、禅僧と心の学校「いまここ塾」を始める。2002年、沖縄に移住。現在、全国での講演、瞑想指導、執筆などを中心に活動中。

装丁デザイン　宮下ヨシヲ（サイフォン グラフィカ）
本文デザイン　渡辺靖子（リベラル社）
編集　宇野真梨子（リベラル社）
編集人　伊藤光恵（リベラル社）
営業　青木ちはる（リベラル社）
写真提供　Shutterstock.com

編集部　廣江和也・鈴木ひろみ・海野香織
営業部　津田滋春・廣田修・中村圭佑・三田智朗・三宅純平・栗田宏輔

今日がもっといい日になる　神様がくれたヒント

2015年11月19日　初版

著　者　阿部 敏郎
発行者　隅田 直樹
発行所　株式会社 リベラル社
〒460-0008　名古屋市中区栄3-7-9　新鏡栄ビル8F
TEL 052-261-9101　FAX 052-261-9134　http://liberalsya.com
発　売　株式会社 星雲社
〒112-0012　東京都文京区大塚3-21-10
TEL 03-3947-1021

ISBN978-4-434-21359-5